JN437758

키 작은 나무의 기도

지은이 · 정미옥
펴낸이 · 유재영, 유정융
펴낸곳 · 주식회사 동학사

1판 1쇄 · 2022년 12월 30일
출판등록 · 1987년 11월 27일 제10-149

주소 · 04083 서울 마포구 토정로53 (합정동)
전화 · 324-6130, 324-6131 | 팩스 · 324-6135
E-메일 | dhsbook@hanmail.net
홈페이지 | www.donghaksa.co.kr
www.green-home.co.kr

ISBN 978-89-7190-845-7 03810

키 작은 나무의 기도

정미옥 시집

키 작은 나무의 기도

Poems by JEONG MEE OK

동학사

키 작은 나무의 기도 정미옥 시집

03

04

01

3월

곰배야 떡쳐라
모개야 떡쳐라
봄에 태어나
한 세상 살다 보니
어느새 하얀 머리 서릿발 가득한데
언땅 새살이 차오르 듯
키 작은 수선화는 노란 꽃잎을 열어
주변을 밝히고
달빛이 내려와 입맞춤했을까
어여쁜 분홍 수선화도 함께 피었네
삼월은 이렇게
꽃망울 망울망울
새잎 뽀시락뽀시락
이제 막 생글생글
생의 시작
야아
봄이 열리는구나
모두 새로 태어나는구나

인연

누구와 가장 친하다고 하리
누구와 가장 사랑한다고 하리
아무리 친하다고 해도
아무리 사랑한다고 해도
눈빛 하나로 돌아서니
누구와 우정을 나누고
누구와 사랑을 나누리
안타깝고 아쉬운
내··· 인연들이여

달이 밝다

멀리 들리는
닭 울음소리
개 짖는 소리
새소리
물소리

하지만
내 소리는 아직 듣지 못하는
적막한 이 밤에
달이 밝다
마음이 밝다

꽃

매일 꽃을 만지니

내가 꽃이 되는 것 같다

그 빛깔과 향기가 들어와

나도 피는가 보다

벚꽃

3월 끝자락
살빛 치맛자락
벚꽃은 겹겹이
생일처럼 해마다 춤추듯
환하게 세상을 밝히며
이리저리
여기저기
눈물처럼 뒹구는 분분한 꽃이파리

세월

내 인생에 달이 떴다
언제 질 날
오 오
모를 저 달
내 손등에
까만 점
하나 둘 늘어나면서

새

가느다란 가지에 새 한 마리

날아갈 줄 모르고 앉아 있네

못 다 나눈 미련과 아쉬움 홀로 안고
떠나지 못하네
오
잎 마저 떨어져버린지
오래건만

추억 1

새벽 안개비가
하얗다
가로등 불빛에 비친 앞산은 주황색
몰래 내린 밤이슬은
흰 눈발처럼
깔리고
한 세월 애간장 태우던 사람들
무엇하러 생각하고 또 생각했을까
아하
사랑이란 흔적 없이 사라지는 눈서리 같은 것
무엇하러 생각하고 또 생각했을까

어느 날

간밤에 뜬눈으로 새벽을 맞았다

누구를 만난다는 건

아직도 설레이는 과제다

내 안 깊숙이 남아 있는 불씨

나는 어디로 가고 있는 걸까

나는 어디로 가고 있는 걸까
어디쯤 어디에 와 있는 걸까
잔 속의 명상처럼
헤매어 보는 나만의 파노라마
나만의 새드 무비

고추를 다듬으면

고추를 다듬으면
고추 속에 엄마가 떠오르네
붉고 매운향 맡으면서
기침을 하면서 흘리던 눈물
엄마는 해마다 고추를 다듬어면서
매운 사랑의 눈물을 흘렸을 것이다
이제야 엄마의 눈물을 생각한다
고추를 다듬어면서
그립고 고맙고 정갈하신
어머니
아
고추를 다듬으면서

안부

전화가 왔다
“재밌어요?”
“재미없어 죽을 날만 기다린다”
주인의 뜻도 모르고
삼립국화는
꽃대를 자를 때마다
하늘을 향해
노란 꽃을 송이송이
피워 올린다

동백꽃

계집아이 익은 볼빛같은 꽃들이 핀 자리
향기 따라 여린 새순 돋아
설레어 저 색깔 드러내곤
짙푸른 잎사귀들 하늘을 향해
뻗어 꽃송이도 커지네
상처 입은 잎새들 부끄러이 붉은 물빛
고개 떨구면 열매들도 맺겠지
그것들 잠시 시린 칼바람
등 굽어 배 주린 채
먼지 한 톨 가져갈 수 없는 인생길
아 나는 지금
암자의 일렁이는 솔바람 향기 아래
잠시 발길을 멈추고 스님의 먹향
보약 삼네

꿈

요즘 꿈을 꾸지 않는다
동전을 줍던 꿈
머리를 끄집어 댕기던 꿈 로또 당첨의 꿈
그런 꿈을 꾸지 않는다
생각을 버리고
바람 가득한 풍선을 버리고
꿈은 끊어졌다
이제 꿈풀이 책은 보지 않아도 된다
꿈은 꿈일 뿐이다는 걸
깨우친 지금 꿈 아닌 현실에서
땀 흘리며 새로운 나의 채전을 일군다

방황

기타를 치며 노래를 불러 보아도
오카리나 한 곡조를 불어 보아도
아로쉬에다 꽃그림 물맛을 느껴 보아도
예쁜 빛의 매화떡을 빚고
차 한잔 우려 음미해 보아도
자꾸만 떠오르는
잔상들 그 잔상들의 애잔함
내 마음의 빈 터에

발견

단식한 뒤 어느 날
거울에 비친 내 얼굴을
바라보니 나는 어디 가고 어머니가
거기 있었다
어머니의 큰 키 어머니의 넓은 가슴
어머니의 자애로움이 아니라
이 세상 떠나실 때의 그 모습이 거울 속에 담겨 있었다
아 나는 아무리 닮으려고 노력해도
비치지 않던 어머니의 모습이
거기 담겨 있었다
딸이었구나 내가 그 어머니의…

추억 11

한 시절

등교길

남학생 얼굴보기 부끄러워

비 오는 날을 무척 좋아했지

우산으로 얼굴을 가릴 수 있어서

봄이다 봄이 왔다

나물이 지천이다 그리운 어머니
지친 몸으로 나물 무쳐 드시고
한 해를 이겨 내시던
어머니
쑥 털털이 가죽나물
산초 씀바귀
참나물
향기로운 그 밥상을 나는 싫어했지
이제야 느껴지네
고된 시집살이
가슴에 불덩이 안고 사시던 어머니
가신 입맛을 나물로 달래시던
오메오메
나물 한 소쿠리
봄이다 봄이 왔다

동행

우연히 만나 함께 해온 긴 세월
쉬우면서 쉽지 않고
가까우면서 가깝지 않은
우리는 아직도 서투른 부부
말 한마디로 토라지지만
손 내밀면 까르르 웃는
철없는 소꿉친구
언제봐도 늘
그 자리에 있는
우리는 미더운 부부

02

노래

노래를 부르면
그 사람 생각난다
눈을 감고 노래 부르면
추억들이 메아리친다
바람이 되고 별이 되고
그림처럼 떠오르는 인연들의 이야기가 되고
그 사람들의 노래가 내 노래가 되고
내 노래는 또 누군가의 노래가 되어
안개처럼 실비처럼 퍼져간다

고향 노래

강가 돌틈 사이에 살랑살랑 피어있는
패랭이꽃 패랭이꽃
이 꽃보다 더 예쁜 꽃 지상에 있을까
금시당 다슬기
아침이면 탱자가시로
대청마루에 엄마랑 외숙이랑
그릇에 탑처럼 수북이 까서 담아놓고
식초 마늘 간장 깨소금 시고 달고 고소한
고향 맛 어머니 맛
진 초록의 다슬기 냉국

숨길

들이쉬고
내쉬고
한순간도 놓칠 수 없는 숨의 길
그 길은
지나간 과거도
다가올 미래도 아닌
오직 지금 고요 속의 길
숱한 사념이 뒤척이다 얻는 깨달음의 길
꽃이 피고 나비가 날고 새가 우는
행복한 길

달맞이꽃

소나무 뜰아래 피어있는 달맞이 꽃 무리들
쪽빛 삼베 자락 갖추어 입고
차 한잔 우려 놓으면
밤하늘 달빛을 노래하는 달맞이꽃
꽃무리는 내 쪽빛 치마보다
어여뻐라
달빛이 달맞이꽃을
달맞이꽃이 달빛을
밤하늘 어둠 속에서 일으키어
오직 꽃무리들만이 영롱히 빛나네
이 자리

그릇

하얀 그릇을 좋아한다
무엇을 담아도
예쁘게
맛있게
돋보이게 하는 하얀 그릇
국을 담으면 따뜻함을 보살피고
견과류를 담으면 자상함을 보살피고
밥을 담으면 웃음을 보살펴주는 그릇
하얀 내 밥그릇
그는 나의 신하 같지만 나도 그의 신하다

우포

말차가루를 뿌린 듯
연초록 물빛
아름다운 생명의 메아리
이끼로 덮여 있는 비밀스런 고요
가시연꽃
나룻배
물새
백로
밤비 젖은
그림같은 늪
밤새 따오기 입에서 실 뽑아내듯
노래하는 생명의 소리
가락의 고향
우포

가는 길

가는 길 멈추어서 먼산 바라보니
내 걸어온 흔적이 거기 있네
꽃 같은 날들의 아련한 기억들
거기 모여 있네
가는 길은 가는 길은
결국 되돌아오는 길
먼산 바라보니
아련한 기억들
거기 모여있네

부부싸움

친하다고 마음 놓고 눈을 부라리면서
거친 언어로 짐승처럼 내 부딪치고 있네
분노의 화살
주홍빛 얼굴
얼마나 함께하다 사라질지도 모르는
후반기 생의 도정에서
아직도 모르는가
어리석음
인생의 길
사랑의 또 다른 골목

비밀

내 안에 무엇이 있을까
내 소리를 들으며 귀를 대어보지만
남의 소리밖에 들리지 않는다
이제는 내 그림을 내 생각대로
내 색깔로
그리고 싶다
철 늦은 예순 가까이 낙엽을 보며
낙엽을 때리는 빗방울 바라보며

추억 3

낙엽 속에 뒹굴고 싶은 나의 낭만도
이제는 사위고
이렇게 잎새들 물들면
불쑥 찾아오는 갈맷빛 그리움
그래 가을이여
벌써 찾아 왔니?

다슬기

한여름
다슬기를 삶았다
그릇에 청록의 강물이
고였다
어릴 적 보았던
아, 고향의
그 물빛

본성

나는 나를 모른다
나는 나를 알기 위해 불구덩이 속에
수천 번 나를 태우고 태운다
내가 없어진 자리 드러나는 그 색깔을 알기 위해
타지 않는 지워지지 않는 나를 태운다

얼굴

내 얼이 있는 굴
그러나 정작 내가 보지 못하는 얼굴
남이 보는 얼굴 그러나
남도 바로 보지 못하는 얼굴
아무리 보아도 모르는 얼굴
신은 알까 내 얼굴을
매일 만지는
거울 같은 내 얼굴
내 생의 지도
슬프고도 기쁜 나의 현주소

개울

맑은 개울
깨끗한 개울
언제나 즐겁게 노래하며 흐르지만
오늘은
작은 울음소리 내며 흘러간다
그들은 어디로 가고 싶을까
그들은 누구와 만나고 싶을까
나는 곁에 앉아
개울의 숨소리를 듣고 있다

찻잔

이슬 먹고
달빛 벗 삼고
서리 맞으며
고이고이 자라난 찻잎
찻잔에 담긴
연록빛
단맛까지 들여다보면
향기의
향기의
가 없는 깊이
가 없는 넓이

사랑은

사랑은 모든 걸 다 잊게 하는 망초
오직 하나에만 젖어드는
신비스러운 몰약
그대는 아는가
온밤을 태워도 뜨겁지 않고
눈길을 걸어도 차갑지 않는
참 아름다운 단어
사랑 생의 불씨

만남

경주 요석궁 돌담에 쌓인
천연의 빛 담쟁이 덩굴이 그 위를 기어 간다
내 마음을 훔쳐 간
그 빛 위를

사월이 오면

꽃이 춤을 추듯 노래하듯
바람이 불어도
이제는 신열이라는 늪에 빠져들지 않을래
그것이
늪 이라는 것을 알려준
사월

연상들

어릴 적 메마른 수도
물 한바가지 부으면
그 마중물 같이
내 마음에 한 생각 떠오르면
오만가지 내 기억들 실타래 같이 달려 나오고
불덩어리가 되어
나는 없어지고
나는 미친년이 되지
아 무서운 병

03

비 오는 날

비가 옵니다
그냥 서서 봅니다
움직이고 싶지 않습니다
그러나 그건 어리석은 판단
비의 등 뒤에는
태양이 숨어 있으니까요
유리창은 묵묵히 내 말을 듣고 있네요

키 작은 나무의 기도

잎 피고 나무 자라고
어느 날 비바람 불어
많은 가지 찢기고 부서지고
기댈 데 없이 상처 입은 채 가을이 오고 겨울을 맞았습니다
눈보라 후려치는 막막한 광장에서 나목은 간절히 기도했습니다
제게도 봄이 있겠습니까

그 이듬해 그의 가지에
잎을 돋게 하여
신은 그 기도에 대답했습니다

민들레

봄 여름 가을 겨울

지칠 줄도 모르고 지칠 줄도 모르고

머얼리 멀리 바람 따라 날아가

노랗게 피어나는 꽃

자유롭고 순박한 꽃

우리 이모 같은 꽃

동지 팥죽

붉디붉은 팥죽
한 솥 가득 넘치도록 진하게
끓어오르던
정성 가득 기도 가득 담긴 동지 팥죽

세월 가니
어머니 그 손길
팥죽이 그립네

나

물질이 나를 만들고

영혼이 나를 만들고

수성이 나를 만들고

이성이 나를 만들고

혼돈의 존재여

나는 불이고 물이고 자연이고 인공인

아, 제어할 길 없는

오온의 불쏯이여

흔적

파도가 지나간 자리
모래 위에 너울너울
바다의 이야기
그려져 있음을 보았나요
오 오 신비로움

우리들의 삶도 지나면
무늬로 흔적으로 남겠지요
오오 늦은 깨달음
지나간 것은 모두 아름다울까요
모래에 새겨진 저 무늬처럼
지워도 지워도
떠오르는 흔적들
소녀의 웃음 같은 하이얀 물결의 노래

늦은 사랑 노래

언젠가 우리는 이 오온의 물길을 벗고
반짝이는 빛을 따라 사라질 것이다
그런데 아는 듯 모르는 듯
시시비비 따지면서 심장이 두근거릴 때
아 아 언제쯤 가만가만 있어도
바라만 보아도
고맙고
즐거울 수 있을까
백합은 저렇게 서로를 마주하고
머얼리 향기를 풍기는데

비

현악기 줄이
파 소리 가득 담고
내려온다
키 큰 삼립 국화는 상처의 흔적도 없이
노랗게 꿋꿋하게
피고 있다

비 가신 뒤
벌 나비들 술래잡기 짝짓기
하늘엔 한필 초록 비단이
펼쳐져 있다

그대 언제 다녀가셨는지요

사랑

사랑은 뜨거운 심장으로
뜨거운 입술로 속삭이는
지치지 않는 생명

태양처럼 타오르다
구름처럼 눈물되어
온밤 찔리꽃을 피어나게 하고

강물처럼 유유히
내 깊은 곳 흐르는
영원한 생명

한 여인

한 여인을 보았습니다
안쓰러웠습니다

돌아왔습니다
다시 생각해보니
더더욱 안쓰러웠습니다
나를 닮았는지도 모르겠습니다

풀잎

흙을 뚫고 초록의 머리를 내미는
바람결에 나풀거리는
감춰진 듯 하지만 감출 수 없는
완강한 풀잎들
잘라도
잘라도
밟아도 밟아도
쏟아오르는
저 막무가내의 불꽃
오늘도 내 정원에는
작은 풀잎들이
그들만의 아름다운
꿈을 그리고 있다

옷

늙어지니까 그 사람 얼굴은 보이지 않고
그 사람 옷만 보였습니다
옷이 그 사람이기 때문이겠지요

국밥

겨울 어느 날
시리도록 가슴 아리던
그날 밤
외숙이랑
배고파서 먹었던
학교 앞 뚝배기 시래기 국밥 한 그릇

세월 지나고 다시 그 집 가서 먹어보니
그 추억도
그 뜨겁게 가슴을 녹이던
국밥맛
찾을 수 없었네

시장 가니

시장 가니 붕어빵 노란 고무줄 고무신…
엄마 생각난다
쌀 한 말 이고
봄나물 가득
제사장 보느라 이고
나는 졸졸 따라만 다니고
엄마는 어깨 아프단 말을 한 번도 하지 않았다
얼마나 무겁고 힘들었을까
시장 가니 엄마 생각 자꾸 난다
미안하고 고마운 우리 엄마
그립고 보고 싶은 우리 엄마

김치

요석궁 밥상 위에도
지하단칸방 밥상 위에도
시고 아삭하고 맵고 짜고
김치는 맛
저마다 달라도
느끼함마저 없애주는
국민반찬
밥상 위의 평등
할머니, 어머니, 나와 내 딸이
애지중지 이어가는 한민족의 요리

붓당골차

달디단 여린 맛에
혀는 녹아내리고
혀 끝에 감기는 얇은 감미도
무한적막 앞에서 삭아지고
마침내 고아한 빛과 향기만으로
나와 마주 앉은
야생 덖음 최고의 수제차
1창1기
한 모금 한 모금
나는 귀인이 된다

아로마에게

라벤더 오렌지 페퍼민트 한 방울 향기
세포가 살아나네
나는 꽃
땅을 밟았는지
하늘을 바라보니
그대는 나비가 되고 새가 되어
훨 훨 훨 훨
오 오
사랑스런
자연의 가없는 선물
내 안의 그대
영원한 치유의 손길

그 여자

보리수나무 아래 그림을 그리는 여자
언제나 고요하고 지혜롭네
남편이 말술을 먹어도
한 번도 투정 않는
바지가랭이가 찢어지도록
노래 불러도
한 번도 속상해하지 않는
언제나 당차고
지혜로운 여자
삶의 승리자

04

누구나 그러하듯이

이해할 수 없는 것들이
이해되는 나이다
자연스레
남편과 떨어져서 잔다
그것도 불편하지 않다
말없이 밥 먹고
말없이 나가고
그것도 불편하지 않다
아하
나이 들면
나도 남들과 똑같아 지는구나
남편과도 그저 그런
친구가 되는구나

동그라미

비가 내립니다
빗물이 떨어진 그 자리에
동그라미를 그립니다
동그라미 동그라미
그래
이 무거운 시간들
세모난 네모난 마음들 모아
동그라미 만들어
동그라미 속을 스쳐가는 시간들
아름다운 시간들
눈동자가 웃습니다

아침 정원

나뭇잎 꽃잎 거미줄 위의 이슬

아침은 언제나

자연이 빚어낸 작품들로

차려진 성찬

가슴이 뛴다

술

술은 안개속을 걸어가는 유령
마시면 웃음 문이 열리지
벗과 한 잔 두 잔 기울이면
밤이 다 가는지
날이 밝아오는지도 모르는 채
술이 깨면 모든 문이 닫히고
남은 것은 쓰라림 혹은 허무의 그림자
그래도 가끔은
벗과 황금빛 좁은 탁자에 앉아
안개속을 걸어가는 유령이 되고 싶다
내 안의 닫힌 문을 열고 싶다

막걸리

봄이면 막걸리에 꽃잎 떨구고
엉개잎 안주하고
두 눈 지긋 기타줄 달빛 걸어 노래하던
친구는 어디 가고
댓잎 바람결에 흥겹게 춤추는데
바라만 보아도 즐겁던 한 시절
달콤한 막걸리 한 모금
가슴을 적셔
강산을 노래하던
그 봄날은…

어머니

가시는 길까지 다
보여주신 나의 어머니
어머니는 내 인생의 정답입니다
어머니의 미소가
내 안에 살고 있다는 것도 늦게서 알았지요
어머니의 슬픔이
내 안에 살고 있다는 것도 늦게서 알았지요

눈길

눈 오는 밤
그분 만나러
깃털처럼
가벼운 마음으로
세상 시름 훌훌 털고
나는 새 혹은
눈 속에 피어나는
복수초
그 순정한 향기

핏줄

그냥 좋다
무조건 좋다
더 없이 행복하고
밝고 건강하시길
달빛처럼 환하고
별빛처럼 빛나는 삶이시길
소중한 소중한
고마운 고마운
핏줄

달리아

칠월에서 서리 올 때까지
피고 지는 달리아꽃
아침 이슬을 털고 햇살이 장독대 위에
비칠 때 꽃몽우리가 툭툭 터져 나오면
온 마당을 가득 채워도
어수선하지 않을 꽃
달리아는 다소곳이
피고 지는 오래도록 마음속에 남는
고전의 꽃

항구

한번 가버린 사람은
다시 오지 않았다
오더라도 잠시 머물 뿐

그래서 기다리지 않기로 했다
빈 잔은 빈 잔인 채로
계절을 바꾼다

한갓지다

꽃 진다

꽃이 지기 전에
세월이 가기 전에
길 잃은
사랑 하나 매어 두고 싶다
누구라도
내 사람되어
막걸리 한잔 마시며
지는 꽃 함께
바라보고 싶다

상사화

같은 땅 한 뿌리지만
잎 나면 꽃 지고
꽃 지면 잎 나고
잎은 꽃을 그리워하고
꽃은 잎을 그리워하고
상사화여
핏빛 그리움이여
어긋난 인연의 상처를 딛고
선홍으로 피어오른 안타까움이여

아가에게

아가야 아가야
어디서 왔니
너의 웃음 햇빛이고
너의 웃음 달빛이고
너의 웃음 별빛이고
고맙구나
감사하는구나
우리 가족 웃음으로 꽃 피우고
한걸음 한걸음
내디딜 때 우주의 숨소리가 들리고

단풍

어느날 보았네
내 심장처럼 물든
하트 모양의 당신을
불타는 내 중년을
그리하여 한 고비를 넘고 있는
인생의 의미를

스님

엄동설한
찬바람 얼마나 시렸을까
아직도 코끝이 붉으신 스님
붉고 푸른 실핏줄 너머
흠진 세월이 보이네
생각이 멀어지면
속세 고리도 끊어질 세
한 자락 저며 드는
영혼의 가르침
저 너머
댓잎은 오늘도 푸르다

들꽃

수수하니 너를 닮은 꽃
어디서 피어 있니
활짝 웃고 있는 너
나풀나풀 바람에 날리며
향기마저 숨길 수 없을 때
수줍게 웃는 네 모습
주변을 밝히는 보랏빛 등불

쪽염

쪽을 키워
얼음 넣고
조물조물
초록 쪽물은 요술처럼
파아란 하늘색 빛을 보여주고
손톱에도 마음에도
천연의 옥빛으로 출렁이네
내가 지나온
청춘의 색깔이여
그리운 추억의 색깔이여

위양못

굽이굽이 드리운
물속의 그림자
하늘의 구름
어린 날의 추억처럼
다 담고 있네

식물성 언어가 연주하는
맑고 작은 노래들

이우걸(시인)

해설

식물성 언어가 연주하는 맑고 작은 노래들

– 정미옥 시집 『키 작은 나무의 기도』

이우걸(시인)

1. 들머리

시인 정미옥은 조용한 사람이다. 자신을 잘 가꾸고 아름답게 살기 위해 정성을 다하는 부지런한 사람이다. 맑은 사람이다. 그리고 여린 사람이다. 예민한 감성을 지닌 사람이다. 따라서 그가 마련하는 장소에는 늘 섬세한 배려와 여운의 미덕이 삼돈다. 가령 대화를 할 때도 자신이 하고 싶은 말을 언제나 조금은 남겨놓는다. 참고 아껴둔다. 그가 마련하는 다례茶禮의 모습도 그렇다. 고요함이 깃들어 있다. 또 만나는 사람에게 성의를 다하되 과한 친절은 베풀지 않는다. 금도를 지킬 줄 아는 교양인이다. 이런 분위기의 그와 시를 얘기하고 가끔 만나게 된 것은 청소년 시절 내가 살았던 밀양이 그의 고향이어서였다.

밀양은 지금도 천혜의 자연을 그대로 간직한 아름다운 곳이다. 영남 유교의 인맥이 이어지고 있고, 예로부터 애국자나 덕망 있는 승려가 나서 나라가 어려울 때마다 큰일을 해왔으며 지금도 곳곳에서 활약하는 인재를 많이 배출해왔다. 아울러 이런 고향이 그의 시에 영향을 주고 있다고 나는 추론해 본다. 시인의 인품이 시에 영향을 준다는 사실은 동양시관에서 더러 얘기해온 믿음이기도 하고, 시를 해석할 때 그 시인의 생장사와 연관 지어 해석할 때 훨씬 진실에 가까워진다는 것은 시를 공부하는 사람들에게는 상식으로 되어있다.

정미옥 시인은 스스로 프로 문인의 모습을 보이려 애쓰지도 않고 그가 다도를 해왔던 것처럼 수신의 한 방법으로, 교양으로 마음속에 품고 싶은 그만의 미학을 갖고 있었을 것이다. 그러나 시는 스스로 발표하고 출판하지 않으면 언젠가는 잃어버릴 수도 있어서 주위의 권고를 받아들여 이번에 책을 내기로 한 것이다. 그런 귀한 시집의 해설을 쓰는 일은 한 예술가의 내면 풍경을 설명하는 역할처럼 쉽지 않은 일이다. 말로 표현할 수 없는 많은 부분이 있기 때문이다. 정 시인은 이런 형식마저 원하지 않았을지도 모른다. 그러나 출판사의 의견을 받아들여 비교적 그의 시를 오래 읽어온 사람에게 그 역할을 맡긴 셈이다.

정미옥 시인의 시는 오동나무 잎사귀에 떨어지는 빗소리 같은 느낌을 가지고 있다. 많은 말을 하지 않는다. 그래서 대체로 단시라고 할 만큼 짧은 시를 쓴다. 리듬감이 있지만 폭력적인 이미지의 결합을 시도하지도 않는다. 바꾸어 말하면 실험적인 시가 아니라 가독성이 있는 시를 쓴다는 의미이다. 그렇다고 아무런 의도 없이 쓴 시는 아니다. 작자 스스로는 그냥 어쩌다 떠오르는 생각들을 메모하듯 썼다고 하더라도 함께 모아서 읽어본 나의 소감으로는 적지 않은 의도가 그의 마음속에 있었다고 느껴진다. 시집의 해설이란 결국 독자들에게 시를 쉽게 접하게 하는 안내 역할이기 때문에 정미옥 시집을 여러 차례 읽고 그 특징을 몇 가지 간추려서 얘기하려한다.

첫째, 그의 시들은 농경정서의 시가 대부분이고 그의 시선은 대체로 과거로 가 있다는 점이다. 둘째, 그의 농경정서의 풍성 속에서 가장 자주 그려지는 인물은 어머니라는 사실이다. 셋째, 그는 스스로 성찰하고 지혜를 얻으려는 노력을 시를 통해 하고 있다. 넷째로는 자기 정체성을 찾으려는 노력이 그의 시에 현저하게 드러난다는 사실이다. 이런 특징이 그의 시를 다 대변할 수 있는 것은 아니다. 그의 시는 이슬비처럼 작게, 소리 없이 내리지만 여러 미학적 차원에서 혹은 철학적 차원에서 얘기할 수 있기 때문이다. 그런데도 위 네 가지 특징이 정 시인을 이해하는 중요한 관점이 될 수 있다고 나는 생각했다.

2. 농경정서의 시편들

농경정서는 농경생활을 하면서 만들어진 문화에 의해 일어나는 정서를 넓게 이야기하는 것이다. 우리 조상들은 가장 긴 시간 동안 이 문화 속에서 살았고 지금도 완전히 벗어난 것은 아니다. 우리의 유년 시절은 농업 중심 국가였고 시골에서 자란 사람들에겐 누구나 농경문화와 관련된 여러 추억을 가지고 있다. 밀양이 고향인 정 시인에게도 농경정서를 담아 노래하는 시편이 적지 않다. 그것은 그의 고향이 아직도 농업중심의 도시이고 그의 삶 대부분이 이런 사회 속에서 살았던 경험이 있기 때문이다.

비가 내립니다
빗물이 떨어진 그 자리에
동그라미를 그립니다
동그라미 동그라미
그래
이 무거운 시간들
세모난 네모난 마음들 모아
동그라미 만들어

동그라미 속을 스쳐가는 시간들
아름다운 시간들
눈동자가 웃습니다

-「동그라미」 전문

비는 농경사회에선 가장 중요한 자원이다. 물을 모아서 농사를 짓기 때문이다. 밀양은 삼한시대부터 농사를 짓기 위해 수산제라는 저수지를 만들었던 곳이다. 그만큼 물을 소중히 여겨온 곳이다. 인용한 작품에서는 농경과 관련한 직접적 표현은 없다. 다만 '무거운 시간들'과 '아름다운 시간들'이라는 의미심장한 메시지를 알 듯 모를 듯 띄워놓았을 뿐이다. 우선 이 작품에서 느낄 수 있는 것은 밝고 아름다운 리듬감과 화합을 고조시키는 분위기이다. '세모난 네모난 마음을 모아' 동그라미를 만든다는 것이다. 난해하지 않으면서도 '눈동자가 웃'는 분위기를 자연스럽게 그려내고 있다.

곰배야 떡쳐라
모개야 떡쳐라
봄에 태어나
한 세상 살다 보니
어느새 하얀 머리 서릿발 가득한데
언땅 새살이 차오르 듯
키 작은 수선화는 노란 꽃잎을 열어

주변을 밝히고
달빛이 내려와 입맞춤했을까
어여쁜 분홍 수선화도 함께 피었네
삼월은 이렇게
꽃망울 망울망울
새잎 뾰시락뾰시락
이제 막 생글생글
생의 시작
야아
봄이 열리는구나
모두 새로 태어나는구나

―「3월」 전문

영춘사迎春詞의 분위가 물씬 풍기는 작품이다. 역동적이면서 섬세하다. '곰배야 떡쳐라 모개야 떡쳐라'와 같은 역동적이고 성적인 이미지나 '뾰시락뾰시락'이나 '생글생글'과 같은 의태어들이 약동하는 봄을 그려내는 데 어울리는 역할을 하고 있다. 쉽게 표현하고 있지만 중요한 포인트를 놓치지 않는다. 이것이 그의 장점이기도 하다.

잎 피고 나무 자라고
어느 날 비바람 불어

많은 가지 찢기고 부서지고
기댈 데 없이 상처 입은 채 가을이 오고 겨울을 맞았습니다
눈보라 후려치는 막막한 광장에서 나목은 간절히 기도했습니다
제게도 봄이 있겠습니까

그 이듬해 그의 가지에
잎을 돋게 하여
신은 그 기도에 대답했습니다

–「키 작은 나무의 기도」 전문

아름다운 동화 한 편을 읽는 기분이다. 또 무슨 설명이 필요하겠는가. 여기서 기도하는 나목의 자세는 사랑을 잃은 한 남자의 기도 같기도 하고 흉작을 맞은 농부의 기도 같기도 하고 태풍이나 겨울바람에 만신창이가 된 한 나무의 기도 같기도 하다. 그러한 가운데 둘째 연에서 돌아온 봄을 그린 이 작자의 자세는 언제나 희망을 잃지 않는 그의 긍정적 가치관의 표현이리라 생각된다. 이 시집에는 이러한 농경 정서가 그려진 작품으로 「민들레」「풀잎」「김치」「막걸리」「달리아」「꽃 진다」「들꽃」 등 여러 편이 있다. 이러한 농경 정서를 표현하는데 가장 자주 표현하게 되는 사람은 바로 '어머니'다. 고향을 노래하는데 어머니를 그리워하지 않을 수 없기 때문이다.

시장 가니 붕어빵 노란 고무줄 고무신…
엄마 생각난다
쌀 한 말 이고
봄나물 가득
제사장 보느라 이고
나는 졸졸 따라만 다니고
엄마는 어깨 아프단 말을 한 번도 하지 않았다
얼마나 무겁고 힘들었을까
시장 가니 엄마 생각 자꾸 난다
미안하고 고마운 우리 엄마
그립고 보고 싶은 우리 엄마

-「시장 가니」 전문

그렇다. 이 시에서는 배고픈 어린 시절 그의 유년의 기억을 그대로 나열해 놓았다. 그 시절의 시장 풍경이 세세하게 그려져 있다. 시적 의장을 잘 간추린 모습이 아니라 적나라하고 가식 없는 그림이다. 그런데도 쉽게 공감이 간다. 그것은 누구에게나 육십 대 이상이라면 이런 추억을 가지고 있기 때문일 것이다. 시는 은유해서 표현하는 예술이지만 진실 또한 힘이 세다. 이런 부류의 작품 하나를 더 들어보고 싶다.

강가 돌틈 사이에 살랑살랑 피어있는

패랭이꽃 패랭이꽃

이 꽃보다 더 예쁜 꽃 지상에 있을까

금시당 다슬기

아침이면 탱자가시로

대청마루에 엄마랑 외숙이랑

그릇에 탑처럼 수북이 까서 담아놓고

식초 마늘 간장 깨소금 시고 달고 고소한

고향 맛 어머니 맛

진 초록의 다슬기 냉국

—「고향 노래」 전문

금시당은 조선시대 문신인 이광진 선생이 말년에 고향으로 돌아와 제자들을 교육하기 위해 지은 건물로 경남 밀양에 있다. 경치가 좋아서 가까이 있는 사람들이 자주 찾는 곳이다. 그곳 개울에서 다슬기를 잡아서 어머니와 동생과 요리하던 추억을 그리고 있다. 그에게 고향 풍경으로 이보다 더 깊숙이 자리하고 있는 것은 없을 만큼 매우 정겹게 그려져 있다.

3. 성찰과 지혜의 시편들

앞서 살펴본 농경정서의 시편들과 다르게 자신을 돌아보고 성찰하며 또 때로는 지혜를 터득하려는 노력을 보여주는 시편들이 보인다. 이러한 현상은 참선을 중시하고 바르게 살려는 그의 종교관, 인생관과 무관하지 않은 작품이라고 할 수 있다.

이해할 수 없는 것들이
이해되는 나이다
자연스레
남편과 떨어져서 잔다
그것도 불편하지 않다
말없이 밥 먹고
말없이 나가고
그것도 불편하지 않다
아하
나이 들면
나도 남들과 똑같아 지는구나
남편과도 그저 그런
친구가 되는구나

-「누구나 그러하듯이」 전문

일상의 변화를 자연스럽게 받아들이려는 화자의 모습을 볼 수 있다. 그것을 받아들일 수 있는 관용은 성찰에서 온다. 받아들이는 것까지 자연스럽다고 느끼기까지 갈등이 없지 않았을 것이다. 「부부싸움」이나 「동행」 등에서도 그런 노력이 표현되어 있다.

술은 안개속을 걸어가는 유령
마시면 웃음 문이 열리지
벗과 한 잔 두 잔 기울이면
밤이 다 가는지
날이 밝아오는지도 모르는 채
술이 깨면 모든 문이 닫히고
남은 것은 쓰라림 혹은 허무의 그림자
그래도 가끔은
벗과 황금빛 좁은 탁자에 앉아
안개속을 걸어가는 유령이 되고 싶다
내 안의 닫힌 문을 열고 싶다

—「술」 전문

술에 대한 화자의 철학이 담겨있다. 술 속에 지옥과 천국이 담겨있음을 강조한다. 그러나 그 지옥인 쓰라림 혹은 허무를 무서워해서 마시지 않을 이유도 없다. 때로는 웃음이란 천국에 가 닿기 위해서는 술이 필요하다. 그런 명료한 답을 이 시는 재미있게 표현하고 있다.

엄동설한
찬바람 얼마나 시렸을까

아직도 코끝이 붉으신 스님
붉고 푸른 실핏줄 너머
흠진 세월이 보이네
생각이 멀어지면
속세 고리도 끊어질 세
한 자락 저며 드는
영혼의 가르침
저 너머
댓잎은 오늘도 푸르다

-「스님」 전문

이 시인은 불교신자다. 그는 어느 작품도 특정 종교를 강조하지 않는다. 그것이 시로서 성공하기 위한 방법이다. 그러나 내면의 사유까지 닫아둘 이유는 없다. 그의 시의 숨결이 불교와 관련지어질 수 있는 가능성을 독자에게 알릴 필요가 있다. 그의 성찰의 자세나 인연에 대한 사유, 침묵 혹은 여운에 대한 애착은 이 종교와 관련이 있을 것이다.

하얀 그릇을 좋아한다
무엇을 담아도
예쁘게
맛있게
돋보이게 하는 하얀 그릇

국을 담으면 따뜻함을 보살피고
견과류를 담으면 자상함을 보살피고
밥을 담으면 웃음을 보살펴주는 그릇
하얀 내 밥그릇
그는 나의 신하 같지만 나도 그의 신하다

-「그릇」 전문

아름다운 작품이다. 그릇이 가진 기능을 표현함에 있어서의 놀라운 통찰력도 돋보이지만, 특히 마지막 연의 '그는 나의 신하 같지만 나도 그의 신하다'는 절창이 아닐 수 없다. 생각해 보라. 그 그릇에 담을 한 끼의 밥을 얻기 위해 우리는 얼마나 많은 위험에 놓이게 되는가. 아울러 우리를 위해 가득 채워진 그릇만큼 필요한 나의 신하가 이 세상에 어디 있는가. 깊이 생각해보면 물아일체의 가치관도 엿보이는 놀라운 발견이다.

이슬 먹고
달빛 벗 삼고
서리 맞으며
고이고이 자라난 찻잎
찻잔에 담긴
연록빛
단맛까지 들여다보면

향기의

향기의

가 없는 깊이

가 없는 넓이

–「찻잔」 전문

불교와 더불어 작자의 성찰을 생활화시키는 것으로 음다 습관을 들 수 있다. 그의 차에 대한 식견은 오래된 그의 생활의 일부일 뿐 아니라 하루의 중요한 의식이다. 그런 체험이 이런 상상력을 촉발한다.

4. 정체성 찾기

성찰과 더불어 자기 정체성 찾기는 이 시인의 의식적 무의식적 방황 뒤에 얻어낸 소득이다.

생각해 보라. 예술이야말로 자기 정체성의 표현이 아닌가. 나는 무엇인가, 나의 예술은 어떤 방법으로 전개되고 있는가, 나는 어떤 방법으로 남과 다른 나의 색깔을 가질 수 있는가 라는 물음은 어느 예술가에게나 늘 해야 하는 중요한 질문이다. 그것에 대한 방향을 찾지 못하면 그의 예술은 빛을 볼 수 없기 때문이다.

내 안에 무엇이 있을까

내 소리를 들으며 귀를 대어보지만

남의 소리밖에 들리지 않는다
이제는 내 그림을 내 생각대로
내 색깔로
그리고 싶다
철 늦은 예순 가까이 낙엽을 보며
낙엽을 때리는 빗방울 바라보며

-「비밀」 전문

예순 가까운 나이에 이 질문을 그는 심각하게 자신에게 해본다. 늦은 것은 아니다. 방황한 만큼 절실한 그 무엇이 있을 것이기 때문이다. 피투성이 같은 방황이 그에게 가르쳐줄 것이다. 그 길이 그가 가야 할 길이다.

물질이 나를 만들고

영혼이 나를 만들고

수성이 나를 만들고

이성이 나를 만들고

혼돈의 존재여

나는 불이고 물이고 자연이고 인공인

아, 제어할 길 없는

오온의 불꽃이여

-「나」 전문

오온은 불교의 교리에서 나온 것으로 물질과 정신을 다섯 가지 무리로 분류한 것이다. 그는 이렇게 치열하게 자신의 정체성에 대해 사유하고 회의한다. 그것이 그의 예술을 자기의 모습으로 건설하기 위해 중요한 것이다.

한 여인을 보았습니다
안쓰러웠습니다

돌아왔습니다
다시 생각해보니
더더욱 안쓰러웠습니다
나를 닮았는지도 모르겠습니다

-「한 여인」 전문

단식한 뒤 어느 날

거울에 비친 내 얼굴을

바라보니 나는 어디 가고 어머니가
거기 있었다
어머니의 큰 키 어머니의 넓은 가슴
어머니의 자애로움이 아니라
이 세상 떠나실 때의 그 모습이 거울 속에 담겨 있었다
아 나는 아무리 닮으려고 노력해도
비치지 않던 어머니의 모습이
거기 담겨 있었다
딸이었구나 내가 그 어머니의…

-「발견」 전문

정 시인의 자아 찾기는 당분간 더 계속될지도 모른다. 그것은 평생 끝날 수 없는 과제이고 그런 혼돈 속에서 그의 시는 더 치열해질 수 있기 때문이다. 한 안쓰러운 여인을 보고 자기의 모습을 떠올리거나 어머니의 모습 속에서 자신을 발견하거나 하는 것은 그의 방황의 한 도정의 표현이다. 그리고 이러한 자기 찾기의 방황이 쉴 새 없이 자신을 무르익게 하는 채찍이 될 것은 자명하다. 예술가에게 자기 검열의 엄격성을 잃었을 때 찾아오는 방종은 그의 예술 생애 전체의 몰락을 초래한다. 그런 면에서 그가 번민하고 찾으려 하는 정체성에의 노력은 긍정적인 징후이기 때문이다.

5. 맺는 말

좋은 시란 어떤 시일까? 단정하기 어려운 여러 조건이 있을 수 있다. 그러나 대체로 다음 몇 가지 조건을 먼저 떠올리게 된다. 얼마나 읽히는 시인가? 얼마나 진정성 있는 시인가? 얼마나 자기만의 색깔을 지닌 시인가? 얼마나 시대정신을 녹여 쓰인 시인가? 얼마나 모국어를 잘 부린 시인가? 좋은 시인들은 이런 질문에 응답하기 위해 온몸을 불태우며 시를 쓴다. 그러나 이 체크리스트를 들고 정미옥 시인의 시를 바로 재단하는 것은 바람직하지 않다. 왜냐하면 그는 소박한 생활인으로 살아온 시 애호가의 생활을 오래 해왔기 때문이다. 그러나 이번 시집에서 보여주는 농경정서와 성찰의 자세 그리고 정체성 찾기의 노력은 머지않아서 위의 체크리스트에도 충분히 응답할만한 성과를 거두리라는 것을 예상할 수 있다.

소소한 대상에 그가 가진 사랑이 어우러져 길어 올리는 맑고 순정적인 노래들은 우리가 늘 쓰는 일상어에 가까워서 가독성이 있고 리듬감이 있고 시대에 대한 울림까지 가져서 밝고 아름답다. 그 장점을 살려 정성을 들인다면 다음 시집에서는 확고한 그의 개성을 발견할 수 있으리라는 확신이 든다. 시집 발간을 진심으로 축하하면서 아울러 그의 문운을 빌어 마지 않는다.